COMPRENDRE
LA LITTÉRATURE

SHAKESPEARE

Hamlet

Étude de l'œuvre

ISBN 978-2-7593-0387-8 ©
Dépôt légal : Octobre 2019

SOMMAIRE

- Biographie de Shakespeare.. 9

- Présentation de *Hamlet*... 15

- Résumé de la pièce... 19

- Les raisons du succès... 31

- Les thèmes principaux... 37

- Le mouvement littéraire... 45

- Dans la même collection.. 51

BIOGRAPHIE

SHAKESPEARE

La vie de Shakespeare demeure dans son ensemble assez mal connue, et certaines périodes entières de l'existence de celui qui est aujourd'hui consacré comme canon incontournable de la littérature sont tout simplement un mystère. D'où un nombre incalculable de théories et de légendes quant à l'auteur et son œuvre. Shakespeare ? Cela pourrait être une cinquantaine de personnes, si l'on rassemble toutes les élucubrations des théoriciens. Ses œuvres ne sont peut être pas de sa plume, mais conçues par d'autres, et le Shakespeare que l'on appelle ainsi n'aurait été pour certains qu'un simple comédien. Beaucoup de légendes, de divagations ou de subtils jeux d'esprits, tentant de combler les lacunes d'une existence, ou encore de soulever des contradictions parmi les bribes d'informations et de témoignages dont nous disposons. Nous pouvons nous fonder une opinion sur quelques traces biographiques avérées, dont l'esprit perfectionniste devra se contenter.

La tradition fait naître Shakespeare le 23 avril 1564 à Stratford-upon-Avon, ville qui porte encore aujourd'hui avec fierté sa renommée, où se trouve la fameuse maison familiale, le *Birthplace*, où il voit le jour. Il est le fils de John Shakespeare, marchand de cuir, et Mary Arden, dame de la bourgeoisie. Son père deviendra un notable important de la ville. Le jeune William a dû fréquenter l'école de Stratford, sans qu'il soit cependant possible de le certifier. Il aurait été retiré de l'école en 1577, pour aider son père dans son travail. Il se marie très jeune : on sait qu'il épouse à l'âge de dix-huit ans, en 1582, Ann Hathaway, avec laquelle il a une première fille, Suzanna, qui naît peu de temps après le mariage, en 1583, puis des jumeaux en 1585, Hamnet et Judith. Mais le petit Hamnet meurt à l'âge précoce de onze ans. Les deux filles de Shakespeare lui survivront.

Les années qui suivent sont très floues, l'histoire perd la

trace de l'auteur, pour la retrouver à Londres en 1592, où il est déjà un comédien reconnu, et devient par la suite auteur dramatique. La certitude de sa présence à Londres à partir de cette date est fondée sur le violent pamphlet que rédige contre lui le dramaturge Rober Greene, qui ne supporte pas la renommée de celui qu'il considère comme un arriviste.

William Shakespeare est le fondateur et l'un des fameux représentants du théâtre du Globe, où il jouit d'un prestige certain jusqu'à sa retraite à Stratford. La troupe de Shakespeare est la plus célèbre (*The Lord Chamberlain's Men* puis, dès 1603, *King's Men*) et se voit attribuer la réputation d'être la meilleure, dans une ville où se multiplient pourtant les entreprises théâtrales. Il est le dramaturge le plus demandé à la Cour de la reine Elisabeth. Shakespeare et les siens conservent leur place privilégiée, et ce même après la mort de la reine Elisabeth Ire en 1603 et l'avènement du roi Jacques Ier. Outre le théâtre, Shakespeare est également l'auteur d'un recueil poétique, les *Sonnets*, et de plusieurs poèmes dont on peut dater les premiers, *Vénus et Adonis*, de 1593, puis *Le Viol de Lucrèce* l'année suivante. Sa poésie raffinée a le goût de la préciosité, et exprime le sentiment amoureux ainsi que l'angoisse qui accompagne le vieillissement et la mort avec subtilité. En tant qu'auteur dramatique, Shakespeare connaît trois périodes, selon le classement traditionnel de ses œuvres, celle des pièces historiques (*Richard III*, *Henri VIII*, *Edouard III*), comiques (*Le Songe d'une nuit d'été*, *La Mégère apprivoisée*, *Le Marchand de Venise*), et enfin tragiques (*Roméo et Juliette*, *Macbeth*, *Hamlet*, *Othello*, *Le Roi Lear*, *Titus Andronicus*, *Jules César*, *Antoine et Cléopâtre*). On classe généralement à part ses œuvres tardives (*Cymbeline*, *Le Conte d'hiver*, *La Tempête*), qui se détachent du ton des tragédies qui les précèdent pour revenir à un message d'espoir, comme si l'auteur, après avoir sondé les tréfonds obscurs de l'âme humaine dans ses pièces tragiques, était revenu à une sorte de quiétude.

Il quitte finalement la scène, après avoir dédié vingt ans de sa vie à son art, et écoule ses dernières années à Stratford, où il se retire en 1612. Il possède une demeure dans sa ville natale où il avait installé sa famille, et est également possesseur de nombreux biens. Il meurt, selon la tradition encore une fois, à la date d'anniversaire de sa naissance, le 23 avril 1616, à l'âge de 52 ans. Il est enterré dans l'église de la Sainte-Trinité à Stratford.

PRÉSENTATION DE HAMLET

On ne connaît pas avec précision la date de la première représentation d'*Hamlet*. De nombreuses théories tendent à la situer entre 1598 et 1602. La première publication du texte date de 1603, c'est celle du premier Quarto, qui ne contient pas le texte en entier. Le second Quarto, plus long, est publié en 1604, mais il faut attendre la publication du premier Folio en 1623 pour avoir le texte dans sa version définitive. Cet ouvrage représente l'édition de référence et rassemble l'ensemble des pièces de Shakespeare, dans la classification à laquelle on se réfère encore de nos jours.

L'histoire est celle d'Hamlet, prince du Danemark, qui décide de venger le meurtre de son père le roi par son oncle, qui usurpa sa place sur le trône. La pièce présente les hésitations du prince à tuer le roi, et comment les différents éléments se nouent ensemble pour précipiter la tragédie : Hamlet tue accidentellement Polonius, ce qui entraîne la colère de son fils Laërte, le désespoir de sa fille Ophélie qui finit par se noyer, et confirme la décision du roi d'éliminer son neveu. Les différentes destinées des personnages se rejoignent toutes dans la scène finale, qui signe la mort de tous : la reine meurt empoisonnée par la coupe destinée à son fils, Hamlet et Laërte se frappent mortellement dans un duel, et Hamlet tue le roi avant de rendre à son tour son dernier souffle.

Hamlet se situe parmi les tragédies les plus célèbres de Shakespeare, pour son héros tourmenté et son intrigue sombre, dominée par la présence de la mort. La fameuse réplique « être ou ne pas être, telle est la question », miroir de l'hésitation et du déchirement intérieur du prince Hamlet, est passée à la postérité, et on lui associe l'image du jeune homme tenant le crâne de Yorick dans sa main, pendant qu'il se souvient l'avoir aimé. Le meurtre accidentel de Polonius, la mort de la douce Ophélie, flottant parmi les fleurs dans sa longue robe blanche, victime de sa folie, l'apparition dès le début de la pièce du fantôme du roi Hamlet, la mise en abyme de la pièce de théâtre dans la pièce, toutes ces scènes contribuent à faire de *Hamlet* une œuvre marquante, même pour l'époque, par ses thèmes forts, le mystère insondable qui entoure les sentiments de son héros, son audace et son originalité, et continuent d'inspirer les artistes. L'intrigue d'*Hamlet* est celle de la vengeance, thème assez à la mode au début du XVIIe siècle. Shakespeare l'emprunte à l'historien Saxo Grammaticus, qui rapporte l'histoire d'Amleth dans son œuvre *Gesta Danorum*, que l'on situe en 1200. S'il en reprend les principaux éléments (trahison du frère du roi, meurtre d'un chambellan, simulation de la folie par le Prince, etc.), il les adapte pour les besoins de sa tragédie, et fait alors d'Hamlet un héros tragique, empli de doutes et d'ambiguïté, ce qu'il n'est pas dans l'histoire originale, et choisit de le faire mourir à la fin dans le processus de sa vengeance.

RÉSUMÉ DE LA PIÈCE

Acte I

Scène 1

A Elseneur, ville du Danemark, les gardes de nuit sont témoins de l'apparition fantomatique du roi défunt. On apprend que le fils de Fortinbras, autrefois vaincu par le prince Hamlet, pourrait avoir le dessein de reprendre les terres qu'on lui a dérobées. Le fantôme disparaît au lever du jour. Les gardes veulent prévenir Hamlet.

Scène 2

Le roi Claudius, frère du roi défunt, a épousé la reine Gertrude, mère de Hamlet. Le roi prononce des mots sur le deuil de son frère, et accède à la requête de Laërte, fils du chambellan Polonius, de le laisser partir en France. Il demande ensuite à Hamlet d'abandonner son affliction et de le considérer comme un père. La reine et lui le prient de ne pas retourner à ses études à Wittenberg, ce qu'Hamlet accepte. Une fois seul, le prince confie sa douleur et son effarement devant le remariage si rapide de sa mère. Les gardes entrent et parlent à Hamlet du fantôme de son père. Avec émotion, il accepte de les accompagner pour tenter de l'apercevoir.

Scène 3

Avant de partir, Laërte dit adieu à sa jeune sœur Ophélie, et lui conseille d'être prudente dans sa relation avec Hamlet, en différenciant bien l'amour et le désir qui peuvent animer le prince. Polonius entre et surenchérit en exigeant de sa fille qu'elle se montre moins docile envers Hamlet car ses mots d'amour sont certainement intéressés.

Scène 4

À la nuit tombée, Hamlet et les gardes attendent le fantôme. Ce dernier se montre finalement et, d'un geste, invite Hamlet à le suivre. Les gardes le retiennent en lui affirmant qu'il peut s'agir d'un démon mal intentionné, mais le prince rassemble son courage et le suit malgré tout.

Scène 5

Le fantôme du roi se confie à Hamlet, lui raconte comment il fût vilement assassiné par son frère, et comment ce dernier séduisit la reine et lui vola ensuite son trône. Il demande à son fils de le venger. Le fantôme disparu, Hamlet rejoint les gardes à qui il fait jurer de garder le silence sur les événements.

Acte II

Scène 1

Polonius envoie quelqu'un en France tenir compte des agissements de Laërte. Ophélie entre et informe son père qu'elle a vu Hamlet dans un état bien tourmenté. Polonius pense que c'est l'amour éprouvé pour sa fille qui agite ainsi Hamlet, qui doit finalement être bien sincère, et entend en faire part au roi.

Scène 2

Le roi confie à Rosencrantz et Guildenstern la tâche de trouver Hamlet et de s'enquérir de son état. Polonius entre et fait part au roi de ce qu'il pense être l'origine de la détresse d'Hamlet et révèle son amour pour sa fille Ophélie. Pour appuyer ses dires, il lit à haute voix une lettre qu'Hamlet adressa à Ophélie. Il propose ensuite au roi d'espionner une conversation entre les deux jeunes gens pour en être sûr. Hamlet entre et tout le monde s'éclipse. Polonius reste et tente de converser avec le prince, mais ce dernier simule une attitude déconcertante et se moque de lui. Il est ensuite rejoint par Rosencrantz et Guildenstern, mais comprend tout de suite qu'ils sont envoyés par le roi et la reine. Puis on annonce une troupe de comédiens qu'Hamlet vient saluer généreusement. Il leur demande s'ils peuvent jouer pour le lendemain soir une pièce qu'il leur soumettra. Ils acceptent. Une fois seul, Hamlet maudit ce qui le retient de se jeter sur le roi assassin, mais il compte d'abord le confondre par la pièce de théâtre, en mettant en scène l'assassinat du roi, afin de s'assurer de sa culpabilité.

Acte III

Scène 1

Le roi interroge sans succès Rosencratz et Guildenstern à propos d'Hamlet. Ce dernier entre et se lamente sur l'attitude à adopter : agir ou subir. C'est le fameux monologue du « to be or not to be ». Il s'entretient ensuite avec Ophélie et la rejette froidement en affirmant ne l'avoir jamais aimée. Polonius et le roi espionnent la scène puis commentent ce qu'il viennent de voir. Le premier suggère que la reine tente d'en savoir plus sur le mal qui ronge Hamlet. Le roi envisage d'envoyer Hamlet en Angleterre.

Scène 2

Hamlet prépare les comédiens à la pièce qu'il veut

présenter, et demande à Horatio d'observer les réactions du roi pendant la représentation. La pièce est jouée, elle présente l'histoire d'un roi et d'une reine qui se jurent leur amour, avant qu'un assassin ne vienne empoisonner le roi dans son sommeil. Hamlet commente la pièce, et affirme devant le roi qu'il s'agit d'une histoire se déroulant à Vienne. Il se montre joueur et blessant envers Ophélie. Après la scène de l'empoisonnement le roi se lève et sort, visiblement très choqué. Hamlet est convaincu de sa culpabilité, de même qu'Horatio. On vient informer Hamlet de l'état de colère du roi, et que sa mère la reine demande à le voir.

Scène 3

Le roi donne l'ordre à Rosencranz et Guildenstern d'emmener Hamlet avec eux en Angleterre. Une fois seul, le roi prie le ciel de lui pardonner son crime, sans remettre en jeu son trône, son épouse et son ambition. Il prie ensuite en silence, et Hamlet s'approche lentement pour le tuer. Cependant il retient son épée, ne souhaitant pas le tuer dans cette attitude pieuse, car ce serait envoyer son âme au ciel et ne pas satisfaire sa vengeance. Il décide d'attendre un moment plus propice. Il sort et le roi reste seul. Ce dernier se relève et avoue qu'il n'est pas capable de prier.

Scène 4

Polonius demande à la reine de se montrer ferme avec le prince, puis il se cache derrière la tapisserie pour espionner sa conversation avec Hamlet. Hamlet entre, déterminé à faire à sa mère des reproches justifiés. Polonius laisse échapper une exclamation depuis sa cachette, et Hamlet, croyant un rat, un espion ou encore le roi, le poignarde à travers la tapisserie. Il découvre ensuite qu'il s'agissait de Polonius, mais ne le plaint pas. Il est déterminé à faire entendre raison à la reine en dénonçant le crime du roi. Le fantôme du père apparaît alors à nouveau et conseille à Hamlet de persévérer dans sa vengeance. La reine ne voit pas le fantôme et croit son fils fou. Il demande à la reine de répéter au roi qu'il n'est point fou ni insensé, puis il lui rappelle qu'il part pour l'Angleterre. Il sort en emportant le corps de Polonius.

Acte IV

Scène 1

Le roi vient trouver la reine et lui demande la cause de son trouble. Elle lui apprend le meurtre de Polonius par Hamlet. Le roi pense qu'il est bon d'éloigner Hamlet, car ce dernier est beaucoup trop instable.

Scène 2

Rosencrantz et Guildenstern rejoignent Hamlet sur ordre du roi. Ce dernier a déjà caché le corps de Polonius. Les deux hommes demandent à Hamlet de les accompagner, ce qu'il fait, sans omettre de les critiquer ouvertement.

Scène 3

Le roi entend punir le crime d'Hamlet en l'envoyant promptement en Angleterre. Il ne parvient pas à obtenir du prince le lieu où il enterra Polonius, mais parvient à le faire consentir facilement à son départ. Une fois Hamlet parti, il demande à Rosencrantz et Guildenstern de s'assurer de son départ sur le bateau.

Scène 4

Fortinbras traverse le Danemark dans le but d'atteindre la Pologne afin de récupérer ses terres. Hamlet le rencontre et apprend ses projets. De nouveau seul, il est à nouveau gagné par sa soif de vengeance.

Scène 5

Horatio annonce à la reine qu'Ophélie souhaite lui parler, mais elle refuse. Ophélie a perdu la raison depuis la mort de son père. Elle entre finalement, des fleurs dans les cheveux et un air insensé, en chantant. Le roi entre et est témoin de sa folie, puis la jeune fille sort. Un coursier entre et annonce le brusque retour de Laërte, fils de Polonius, proclamé roi par la foule. Déterminé à venger la mort de son père, il veut connaître l'identité de son meurtrier. Le roi décline la culpabilité et Ophélie entre à nouveau. Laërte la voit déraisonner et en est profondément meurtri. Le roi le conforte et lui dit qu'il va lui conter les circonstances de la mort de Polonius.

Scène 6

Horatio reçoit une lettre de Hamlet par l'intermédiaire de plusieurs matelots. Il l'informe qu'il a quitté Rosencrantz et Guildenstern et qu'il est à bord d'un autre bateau, appartenant aux pirates qui les abordèrent, et lui demande de remettre au roi les lettres que lui adressent les matelots.

Scène 7

Le roi explique à Laërte les raisons qui l'ont poussé à ne pas tuer Hamlet malgré son crime sur Polonius : l'amour que portent la reine et le peuple à Hamlet. Un messager apporte alors des lettres d'Hamlet, adressées au roi et à la reine. Le roi lit la sienne, et apprend qu'Hamlet sera bientôt de retour, seul. Il projette alors de l'éliminer. Il flatte Laërte sur ses talents à l'épée et obtient vite de lui la certitude qu'il tuera Hamlet lui-même pour assouvir sa vengeance. Ils projettent alors un affrontement entre Laërte et Hamlet, et Laërte pense tremper son arme dans un poison mortel pour s'assurer de le tuer. Le roi lui suggère alors un second plan de prévention : préparer à l'attention d'Hamlet une fiole de poison. À ce moment, la reine arrive en pleurs en annonçant la noyade d'Ophélie. Laërte sort bouleversé.

Acte V

Scène 1

Dans un cimetière, près d'une église, deux fossoyeurs creusent la tombe d'Ophélie en se questionnant sur le sort des suicidés. L'un deux se retire pour chercher de la liqueur, le second reste à creuser en chantant. Horatio et Hamlet entrent et conversent avec lui, tentant en vain d'apprendre l'identité de la personne qu'ils mettent en terre. Hamlet se lamente sur la mort du bouffon Yorick qu'il a jadis connu, tenant son crâne à la main. Passe alors la procession funèbre et Hamlet aperçoit le roi, la reine et Laërte. Il se cache pour les observer, et finit par apprendre que c'est Ophélie qu'on enterre. Il sort alors de sa cachette et clame son propre amour pour Ophélie. Laërte le saisit à la gorge mais le roi ordonne qu'on les sépare. Hamlet, échauffé par les événements, promet de combattre Laërte, puis quitte la scène. Le roi glisse à Laërte que le moment viendra en son temps et qu'il doit s'armer de patience.

Scène 2

Hamlet révèle à Horatio la découverte qu'il fit sur le bateau : des lettres du roi ordonnaient sa mort. Il raconte ensuite qu'il a écrit de fausses missives à l'attention du roi d'Angleterre, grâce au sceau du roi qu'il avait sur lui. Le courtisan Orsic entre alors et vient informer Hamlet des talents de Laërte à l'épée et au poignard, et vient recueillir son acceptation du défi de ce dernier. Sans manquer de se moquer de ce courtisan et de ses manières ridicules, Hamlet accepte le défi, ce qu'il réaffirme ensuite à un seigneur qui vient lui demander la même chose. Horatio le met alors en garde mais Hamlet est décidé, affirmant qu'il faut toujours être prêt à mourir. Arrivent le roi, la reine et Laërte. Le duel commence, Hamlet déclare alors sa bonne foi envers Laërte, confiant qu'il n'a pas voulu tuer Polonius, que sa folie en est seule responsable. Laërte l'écoute et lui pardonne, mais déclare que le combat pour l'honneur réglera la situation. Le roi annonce alors que le duel ne sera pas mortel et qu'on déterminera le vainqueur au nombre de coups portés.

Ils commencent à se battre, puis le roi sert deux coupes de vin afin de boire en l'honneur d'Hamlet qui a porté un coup. La reine boit alors la coupe destinée à Hamlet malgré les protestations de son mari. La coupe était empoisonnée, la reine se trouve mal. Hamlet et Laërte sont tous les deux touchés lors du duel. La reine déclare avoir été empoisonnée, et Hamlet fait alors fermer les portes pour trouver le coupable. Laërte lui révèle le plan qu'il avait de le tuer, et lui annonce qu'il a été frappé d'une lame empoisonnée et qu'il n'a plus longtemps à vivre. Hamlet, découvrant le funeste stratagème du roi, le frappe de sa lame et le force à finir la coupe empoisonnée. Le roi expire, Laërte se repend auprès d'Hamlet et meurt à son tour. Hamlet demande à Horatio de transmettre son histoire, puis meurt. Fortinbras, qui revient tout juste de ses victoires en Pologne, découvre la scène et Horatio s'apprête à tout lui raconter.

LES RAISONS
DU SUCCÈS

Shakespeare est l'auteur le plus célèbre et le plus productif de l'ère Elisabéthaine, et son œuvre, puisant dans les nombreuses influences littéraires et philosophiques qui étaient en vogue, est représentative de tous les goûts de l'époque. Ses pièces sont donc parfaitement en adéquation avec l'histoire et les désirs de son temps. Cependant, l'auteur y a placé tant de force, de richesse et de complexité qu'on ne peut les considérer comme des œuvres simplement représentatives d'une époque donnée. De nombreux auteurs, à commencer par les romantiques, se sont réclamés de Shakespeare, de son extraordinaire capacité à pénétrer en profondeur l'âme humaine, de l'incroyable diversité de registres et de tons qui colore son œuvre. Il demeure aujourd'hui l'auteur anglais le plus connu et le plus souvent cité. Mais qu'en est-il de son époque ? Qu'est-ce qui permet de situer l'œuvre du dramaturge dans le sens de l'histoire ? À quelles influences répond-il ? Ce qui garantit le succès d'un Shakespeare à la fin du XVIe siècle, c'est d'abord un milieu. Londres est une ville prospère, et ses habitants sont friands de spectacles. Sous le règne d'Elisabeth Ire il connaît un véritable essor, car sa Majesté aime le théâtre. C'est donc une période où les activités théâtrales s'officialisent : les lois interdisent aux acteurs non professionnels d'exercer, et n'acceptent que les troupes bénéficiant d'un protecteur. La discipline est donc reconnue et organisée. Les auteurs n'ont pourtant pas la vie facile : leur statut n'étant pas encore reconnu, ils ne touchent plus un sou une fois leur pièce montée, cette dernière restant entre les mains des acteurs. Beaucoup de dramaturges populaires à l'époque gravitent autour de Shakespeare, qu'il s'agisse d'amis ou de détracteurs. Christopher Marlowe est l'écrivain le plus connu après Shakespeare, auteur d'un *Edouard II*, de *La Tragique histoire du Docteur Faust* et du *Massacre de Paris*, faisant écho à la Saint-Barthélémy. John Flether et Benjamin Jonson sont deux dramaturges qui ont collaboré avec Shakespeare pour certaines pièces. Thomas Middleton est l'auteur de pièces comiques au ton généralement cynique, satirique. L'époque apprécie les comédies de mœurs, mais entretient également un goût prononcé pour la tragédie, et c'est peut être chez John Webster que l'on est témoin des épisodes les plus sombres et monstrueux, pouvant préfigurer la période du gothique anglais du XVIIIe. L'intérêt du siècle pour les sujets tragiques et historiques est intimement lié au contexte politique et historique. Si l'on trouve chez Shakespeare tant de pièces historiques (*Richard II*, *Richard III*, *Edouard II*, *Henri IV*, *Henri V*, *Henri VI*, *Henri VIII*...), c'est parce qu'elles représentent une véritable demande de la part des contemporains. Cela est dû à la récente guerre des Deux-Roses, qui eut lieu au XVe siècle et qui vit s'affronter la maison de Lancastre et la maison d'York pour l'accession au trône d'Angleterre. La vie de la reine Elisabeth elle-même a suscité l'intérêt des dramaturges. D'un point de vue littéraire et moral, l'utilisation des figures historiques dans les œuvres a été exploitée dans *The Mirror for Magistrates* (1559), un recueil de poèmes de différents auteurs qui présentait, sous forme de monologues, la déchéance de grandes figures de princes, condamnés pour leurs crimes. La morale se sert de la politique pour exprimer des considérations éthiques et métaphysiques, c'est pourquoi l'exemple des rois déchus ou conspirateurs est fréquemment utilisé dans les pièces.

La tragédie, qui est un sujet de prédilection à l'époque, a été tout d'abord redécouverte par l'intermédiaire de Sénèque, et c'est son influence plus que celle des Grecs qui marque le théâtre de l'époque. Sa devise stoïcienne stimule la tragédie par l'exaltation des plus sombres passions humaines auxquelles sont confrontés les hommes. La première tragédie anglaise de Thomas Norton et Thomas Sackville, *Gorboduc* (1561), est construite sur le modèle de la tragédie Sénèquienne, et la tradition théâtrale cultive par la suite ce goût pour l'épreuve tragique et la déchéance, jusqu'aux excès de noirceur que l'on reproche à certaines pièces de Shakespeare, comme le *Titus Andronicus*.

Au sein de la tragédie, le thème de la vengeance (qui est un des thèmes principaux de *Hamlet*) est un des moteurs essentiels de l'action, et c'est également une notion qui a son origine : celle de la philosophie de Machiavel, que tout le monde à l'époque avait lu. La vengeance, conduite par une idée de justice, répond aux théories de Machiavel et à une sorte de contre-morale : les motivations les plus sombres et les manipulations les plus viles peuvent être opérées en vue d'un but juste, c'est la thèse que fait Machiavel dans *Le Prince*. Il affirme que tous les moyens sont justes pour conserver le pouvoir, car les hommes sont mauvais par nature ; il s'agit donc de jouer avec leurs armes. Les tragédies de la vengeance s'inspirent en partie de cette nouvelle forme de pensée lancée par Machiavel de la justification du mal. Les influences d'*Hamlet* puisent directement dans ces inspirations : tragédie du prince du Danemark, la pièce présente un fond historique et une noirceur caractéristique de la période « sombre » du théâtre Shakespearien, motivée par les réactions en chaîne de la vengeance.

LES THÈMES PRINCIPAUX

Le thème principal d'*Hamlet*, en ce qu'il est à la fois origine de l'intrigue et motivation problématique du héros, est celui de la vengeance. La pièce débute ainsi : le fantôme du roi Hamlet vient réclamer vengeance auprès de son fils, afin d'apaiser son tourment et de rétablir la justice. La motivation du prince Hamlet sera donc tout à la fois personnelle et éthique, approuvée par la morale et commandée par son cœur, et cette ambivalence le mènera à diverses formes d'ambiguïtés de doutes, plongeant le spectateur dans un état de trouble vis-à-vis de l'état et des agissements du héros.

La vengeance est la force qui fait se dérouler l'intrigue : c'est d'abord celle du roi déchu et d'Hamlet, le père du prince lui affirmant qu'il est « tenu de [le] venger », et lui répète ensuite : « venge un meurtre horrible et barbare » (Acte I, scène 5). Hamlet l'accepte pour seule et unique mission : « ton ordre seul vivra dans le registre de mes pensées, pur et dégagé de tout ce vil alliage », affirme-t-il ensuite dans son monologue. C'est un absolu qu'il entend mener à bien.

Outre le point de départ de l'intrigue, il y a des vengeances personnelles qui s'ajoutent à celle d'Hamlet et viennent complexifier le drame : Laërte, après le meurtre accidentel de Polonius par Hamlet (Acte III, scène 4), se trouve à son tour dans la position du prince : « je veux une pleine et entière vengeance de la mort de mon père » affirme-t-il au roi, à la scène 5 de l'acte IV. C'est ce qui le poussera à se dresser contre Hamlet, nourri ensuite d'un second désir, celui de venger sa sœur, dont Hamlet est la cause indirecte de la folie. C'est d'ailleurs devant le tombeau ouvert de la jeune Ophélie qu'il se jette sur Hamlet, le saisissant à la gorge (Acte V, scène 2).

Une troisième figure de la vengeance est celle de

Fortinbras, dont on annonce dès la scène 1 de l'acte I qu'il viendra sans doute réclamer les terres que l'on a prises à son père. Il est d'ailleurs précisé que c'est Hamlet qui vainquit le père Fortinbras, ce qui le situe une nouvelle fois au centre des désirs de vengeance, et c'est enfin la détermination de Fortinbras qui décidera Hamlet, considérant son exemple comme un modèle à suivre (Acte IV, scène 4).

Mais l'attitude de Hamlet face à son devoir est assez singulière, et la personnalité complexe de ce héros participe à la singularité et à la richesse de l'œuvre. Il n'est pas un Othello au sang chaud, qui agit avant de penser. Il est au contraire très réfléchi, et l'ambiguïté de ses sentiments le poussa à l'indécision et à l'inaction.

Dès lors, on perçoit que l'intrigue ne sera pas celle d'une vengeance menée inéluctablement jusqu'à son terme, mais celle d'un projet contrarié et freiné par le dépit du héros devant un monde qu'il ne comprend plus. Tout d'abord, Hamlet n'agit pas sous le coup de l'impulsion : le premier émoi passé après la découverte de la vérité par le fantôme, il veut en premier lieu s'assurer de la culpabilité du roi, c'est pour cela qu'il fait jouer une pièce de théâtre mettant en scène un crime tout à fait semblable à celui que fomenta le roi contre son père (scène 2 de l'acte III). Ses actions sont donc mûrement réfléchies. De même, lorsqu'il simule la folie devant les membres de la cour (Acte II, scène 2), et même devant Ophélie (Acte III, sène 1), c'est dans le but de dissimuler son secret. Le masque qu'il porte lui permet de gagner du temps. De même, lorsqu'il renonce à tuer le roi car il le trouve en position de prière (Acte III, scène 3), c'est pour satisfaire sa vengeance plus pleinement, afin que le châtiment égale l'atrocité du crime : « Est-ce donc me venger que de donner la mort à son assassin au moment où il purifie son âme, et où il est préparé pour ce passage de l'autre vie ? ». Dans sa vengeance, Hamlet adopte donc un caractère raisonné, mais cet excès de rationalité et la clairvoyance dont il fait preuve sur la réalité du monde et sa noirceur le poussent finalement à l'inaction. Sa vengeance est donc freinée par ses réflexions tourmentées et son incapacité à s'adapter à un monde devant lequel il se sent profondément démuni et étranger. En réalité, sa déception est ce qui détermine toutes ses actions, y compris sa volonté de châtier le roi usurpateur.

Avant même d'apprendre la vérité du fantôme du roi, il se présente comme profondément marqué par les évènements : « ce ne sont pas ces flots de larmes, ce front triste et abattu, toutes ces formes, ces modes et ces apparences de douleur, qui peuvent manifester le véritable état de mon âme » annonce-t-il à la reine à la scène 2 de l'acte I. C'est d'abord la mort qui l'affecte, la mort prématurée de ce père à qui il vouait un grand respect : « Ô Dieu ! Qu'elles me semblent fastidieuses, insipides et vaines, toutes les jouissances de ce monde ! », déclare-t-il dans son premier monologue. C'est une cruelle désillusion qui le sépare brutalement du monde et des valeurs auxquels il croyait. Après la mort de son père, c'est ensuite le remariage de sa mère, à peine un mois après le drame, qui le choque et qu'il ne comprend pas : « Fragilité, ton nom est femme. Un mois à peine ! [...] Ô criminelle précipitation ! » Cette désillusion par rapport à sa mère, qui se transforme en désillusion sur les femmes et sur l'amour en général, le pousse à se montrer cruel. Ainsi, dans sa vengeance, il s'en prend violemment à sa mère, dans la scène 4 de l'acte III, lorsqu'il l'accable de reproches. Le fantôme de son père réapparaît à cette occasion pour lui rappeler son but premier, et lui demander de ne point accabler sa pauvre mère. Hamlet lui reproche en effet « une action qui flétrit toutes les grâces de la pudeur, qui fait appeler la vertu hypocrisie, qui arrache la rose de l'innocence du front de l'amour vertueux, et y imprime la noirceur du crime ! », c'est bien la souillure de la vertu qui l'accable, le fait que la pureté de l'amour fasse soudainement place à la lâcheté et la facilité, à la corruption vile. C'est la même désillusion qui pousse le prince à rejeter si violemment la pauvre Ophélie, et l'on retrouve l'argument de l'hypocrisie et de la corruption : « J'ai aussi entendu dire que vous vous fardez. Dieu vous a donné un visage, et vous vous en faites un autre ! Vous dansez, vous vous pavanez, vous zézayez, vous donnez dans des travers que vous colorez du prétexte de simplicité. » Si ses paroles blessantes font partie de sa stratégie de simuler devant chacun la folie, on y lit clairement la trace de son désenchantement, qui le rend acerbe et cruel : « *Ophélie* – Vous êtes mordant, seigneur ; vous êtes tranchant. *Hamlet* – Il vous en coûterait un profond sanglot pour émousser le tranchant de ma langue. » (Acte III, scène 2).

Malgré cette agressivité et cette détermination, Hamlet est paralysé dans l'inaction et maudit sa propre faiblesse : « Il est impossible que je n'ai pas un cœur pusillanime, [...] pour engourdir ainsi en moi le sentiment de la vengeance. » (Acte II, scène 2) C'est bien tout le problème d'Hamlet, tourmenté par une hésitation de la raison qui répugne à commettre le crime que l'honneur exige. Et cette hésitation va jusqu'à le faire songer plusieurs fois au suicide : « Pourquoi l'Eternel a-t-il condamné le meurtre de soi-même ! » (Acte I, scène 2) ou plus tard, le fameux « Être ou ne pas être ! Telle est la question... [...] Qui voudrait porter tous ces fardeaux, et suer et gémir sous le poids d'une laborieuse vie, si ce n'est que la crainte de quelque avenir après la mort ?... Cette contrée ignorée dont nul voyageur ne revient plonge la volonté dans une affreuse perplexité, et nous fait préférer de supporter les maux que nous sentons, plutôt que de fuir vers d'autres maux que nous ne connaissons pas ! » (Acte III, scène 3) Hamlet est pétrifié dans sa douleur et sa mélancolie, et retarde inévitablement son projet de vengeance.

Pourtant, son indécision n'est pas inaltérable, et son esprit évolue au cours de la pièce. C'est pourquoi sa vengeance finale lui appartient désormais, et n'est pas un simple jeu du destin qui l'entraîne malgré lui. Hamlet connaît une détermination qui ne s'éteindra plus à la scène 4 de l'acte IV, après avoir croisé Fortinbras, dont le courage le stimule. Ainsi, il s'écrie finalement : « Comment resté-je donc immobile ici, moi, qui ai un père assassiné, une mère salie, autant d'aiguillons qui pressent mon courage et ma raison ? [...] Oh ! Que désormais donc mes pensées soient sanguinaires ou qu'elles ne soient plus rien ! » Après cette prise de décision, la mort ne lui apparaît plus comme une notion apaisante (« - Mourir, - dormir, - rien de plus, et par ce sommeil, dire : Nous mettons un terme aux angoisses du cœur ». Acte III, scène 1), mais comme une réalité plutôt repoussante. Ainsi s'écrie-t-il dans la scène du cimetière, après qu'Horatio lui ait répondu que Alexandre lui-même ressemblerait à un squelette après sa mort : « Comment, cette odeur cadavéreuse ? (*Il jette le crâne.*) Pouah ! » et il ajoute : « À quelles indignes humiliations la mort nous fait redescendre, Horatio ! » (Acte V, scène 1). Ces réflexions ne l'éloigneront pas de son but, et la mort d'Ophélie viendra affirmer plus que jamais sa détermination, faisant tomber le masque de la folie qu'il arborait : « Je veux combattre pour une si belle cause, jusqu'à ce que mes yeux éteints restent immobiles dans ma tête. » (Acte V, scène 2) C'est donc poussé par la volonté et non plus le doute qu'il affronte les dernières épreuves qui l'attendent : s'échapper du bateau qui le menait en Angleterre (Acte IV, scène 6), affronter Laërte en duel et empoisonner le roi (Acte V, scène 2). La vengeance est donc consommée, le roi périssant de la même manière que son crime : par empoisonnement. Son devoir accompli, c'est désormais serein qu'Hamlet affronte la mort, sa dernière requête étant qu'Horatio conte son histoire.

LE MOUVEMENT LITTÉRAIRE

On peut situer Shakespeare dans le mouvement littéraire baroque, non qu'il se revendique d'une école particulière, mais parce que ses œuvres sont nourries d'une esthétique et de thèmes qui sont ceux de la culture de l'époque, marquée par l'influence baroque. La liberté des pièces de cette période n'est point comparable avec les règles strictes du théâtre classique qui voit le jour au siècle suivant, c'est d'ailleurs de cette forme d'épanchement et de démesure dont s'inspirent les romantiques lorsqu'ils revendiquent un souffle nouveau dans l'écriture dramatique, donnant naissance au « drame romantique ». Le Baroque est un mouvement littéraire rétrospectif, car il ne fut nommé et considéré comme tel que tardivement, lorsqu'on a voulu différencier la période classique des tendances qui la précédaient. Le Baroque n'était pas appelé ainsi, ni conçu comme tel par les auteurs de l'époque : ces derniers se considéraient simplement comme « modernes ». On peut donc observer à partir de ce terme ce qui différenciait les œuvres de cette époque de celles de l'âge classique. Le Baroque est un mouvement qui touche tous les arts après la Renaissance : architecture, peinture, sculpture, musique, littérature. Il se situe dans une période de grands changements, marquée par les grandes découvertes (les Amériques), les nouvelles inventions techniques, nouvelles théories scientifiques (Copernic et Galilée) et violence des guerres de Religion. Les œuvres baroques sont traversées par les thèmes de l'inconstance, du mouvement, de l'illusion, du paradoxe, du retournement des situations, du monde à l'envers. Le mouvement est très significatif en France avec des auteurs comme Théophile de Viau, Tristan L'Hermite ou Pierre Corneille dans *L'Illusion Comique*.

En Angleterre, ce sont les auteurs du théâtre élisabéthain qui représentent le mieux le mouvement. La mort est un thème de prédilection, parce qu'elle soulève le caractère éphémère de la vie, l'inconstance de l'homme et la destinée mortelle de son savoir et de son pouvoir : c'est le thème des fameuses Vanités en peinture, représentant un crâne aux côtés de tous les attributs du savoir et de l'orgueil humain, confrontés à un sablier ou à une fleur, symbole de la vie fuyante et éphémère. La vie humaine est vaine et précaire, et tout ce que l'on accumule est voué à disparaître. Les tragédies shakespeariennes tendent à nous le rappeler. Le baroque aime le foisonnement, l'outrance, l'accumulation, c'est un mouvement visuel, qui a pour but de toucher par l'émotion, tandis que le classicisme préfère la réflexion et la retenue. Les passions sont donc au centre de l'intérêt, même les plus sombres et les plus exubérantes, et la période noire de la tragédie shakespearienne nous en donne des exemples saisissants, à travers *Hamlet*, *Macbeth* ou *Titus Andronicus*. Le baroque met également en scène la métamorphose, le déguisement et le travestissement, et l'idée du factice est souvent mise en valeur, à travers des décors de théâtre outranciers et surchargés. Rien n'est certain, tout est fuyant et dérisoire. L'illusion et la mise en abyme sont appréciés : l'*Illusion comique* en est un exemple frappant, mais également la scène de théâtre dans le théâtre dans *Hamlet*. L'illusion est alors un moyen de révéler la vérité, plus qu'une volonté de confondre. Tout ce qui peut relever de l'éphémère et du trouble, de l'incertain et de l'inconstant, va être exploité. C'est le cas du rêve, du sommeil et du songe. Ce goût se comprend lorsqu'on replace les auteurs dans le contexte de leur époque, où ils voient le monde se transformer sous leurs yeux : les nouvelles découvertes remettent en cause tout ce à quoi l'on croyait à l'époque : l'européocentrisme dont on faisait preuve a été sérieusement ébranlé par la découverte d'autres continents, les découvertes scientifiques ne placent plus l'homme au centre de l'univers, et les guerres de Religion révèlent les plus grandes cruautés. C'est donc à une quête de sens que les auteurs s'attèlent, en même temps qu'à l'expression du malaise devant un monde que l'on ne comprend plus et qui nous semble recéler les vérités les plus bouleversantes. C'est la recherche de valeurs stables, d'une foi retrouvée qui motive le personnage de la littérature baroque, reflet de l'homme moderne en question. En cela, Hamlet est un parfait avatar du trouble et de la confusion de l'homme moderne, obnubilé par la mort, évoluant dans une époque en mutation qui s'établit à travers une violence exacerbée.

DANS LA MÊME COLLECTION
(par ordre alphabétique)

- **Anonyme**, *La Farce de Maître Pathelin*
- **Anouilh**, *Antigone*
- **Aragon**, *Aurélien*
- **Aragon**, *Le Paysan de Paris*
- **Austen**, *Raison et Sentiments*
- **Balzac**, *Illusions perdues*
- **Balzac**, *La Femme de trente ans*
- **Balzac**, *Le Colonel Chabert*
- **Balzac**, *Le Lys dans la vallée*
- **Balzac**, *Le Père Goriot*
- **Barbey d'Aurevilly**, *L'Ensorcelée*
- **Barbey d'Aurevilly**, *Les Diaboliques*
- **Bataille**, *Ma mère*
- **Baudelaire**, *Les Fleurs du Mal*
- **Baudelaire**, *Petits poèmes en prose*
- **Beaumarchais**, *Le Barbier de Séville*
- **Beaumarchais**, *Le Mariage de Figaro*
- **Beauvoir**, *Mémoires d'une jeune fille rangée*
- **Beckett**, *Fin de partie*
- **Brecht**, *La Noce*
- **Brecht**, *La Résistible ascension d'Arturo Ui*
- **Brecht**, *Mère Courage et ses enfants*
- **Breton**, *Nadja*
- **Brontë**, *Jane Eyre*
- **Camus**, *L'Étranger*
- **Carroll**, *Alice au pays des merveilles*
- **Céline**, *Mort à crédit*
- **Céline**, *Voyage au bout de la nuit*

- **Chateaubriand**, *Atala*
- **Chateaubriand**, *René*
- **Chrétien de Troyes**, *Perceval*
- **Cocteau**, *Les Enfants terribles*
- **Colette**, *Le Blé en herbe*
- **Corneille**, *Le Cid*
- **Crébillon fils**, *Les Égarements du cœur et de l'esprit*
- **Defoe**, *Robinson Crusoé*
- **Dickens**, *Oliver Twist*
- **Du Bellay**, *Les Regrets*
- **Dumas**, *Henri III et sa cour*
- **Duras**, *L'Amant*
- **Duras**, *La Pluie d'été*
- **Duras**, *Un barrage contre le Pacifique*
- **Flaubert**, *Bouvard et Pécuchet*
- **Flaubert**, *L'Éducation sentimentale*
- **Flaubert**, *Madame Bovary*
- **Flaubert**, *Salammbô*
- **Gary**, *La Vie devant soi*
- **Giraudoux**, *Électre*
- **Giraudoux**, *La Guerre de Troie n'aura pas lieu*
- **Gogol**, *Le Mariage*
- **Homère**, *L'Odyssée*
- **Hugo**, *Hernani*
- **Hugo**, *Les Misérables*
- **Hugo**, *Notre-Dame de Paris*
- **Huxley**, *Le Meilleur des mondes*
- **Jaccottet**, *À la lumière d'hiver*
- **James**, *Une vie à Londres*
- **Jarry**, *Ubu roi*
- **Kafka**, *La Métamorphose*
- **Kerouac**, *Sur la route*
- **Kessel**, *Le Lion*

- **La Fayette**, *La Princesse de Clèves*
- **Le Clézio**, *Mondo et autres histoires*
- **Levi**, *Si c'est un homme*
- **London**, *Croc-Blanc*
- **London**, *L'Appel de la forêt*
- **Maupassant**, *Boule de suif*
- **Maupassant**, *Le Horla*
- **Maupassant**, *Une vie*
- **Molière**, *Amphitryon*
- **Molière**, *Dom Juan*
- **Molière**, *L'Avare*
- **Molière**, *Le Malade imaginaire*
- **Molière**, *Le Tartuffe*
- **Molière**, *Les Fourberies de Scapin*
- **Musset**, *Les Caprices de Marianne*
- **Musset**, *Lorenzaccio*
- **Musset**, *On ne badine pas avec l'amour*
- **Perec**, *La Disparition*
- **Perec**, *Les Choses*
- **Perrault**, *Contes*
- **Prévert**, *Paroles*
- **Prévost**, *Manon Lescaut*
- **Proust**, *À l'ombre des jeunes filles en fleurs*
- **Proust**, *Albertine disparue*
- **Proust**, *Du côté de chez Swann*
- **Proust**, *Le Côté de Guermantes*
- **Proust**, *Le Temps retrouvé*
- **Proust**, *Sodome et Gomorrhe*
- **Proust**, *Un amour de Swann*
- **Queneau**, *Exercices de style*
- **Quignard**, *Tous les matins du monde*
- **Rabelais**, *Gargantua*
- **Rabelais**, *Pantagruel*

- **Racine**, *Andromaque*
- **Racine**, *Bérénice*
- **Racine**, *Britannicus*
- **Racine**, *Phèdre*
- **Renard**, *Poil de carotte*
- **Rimbaud**, *Une saison en enfer*
- **Sagan**, *Bonjour tristesse*
- **Saint-Exupéry**, *Le Petit Prince*
- **Sarraute**, *Enfance*
- **Sarraute**, *Tropismes*
- **Sartre**, *Huis clos*
- **Sartre**, *La Nausée*
- **Senghor**, *La Belle histoire de Leuk-le-lièvre*
- **Shakespeare**, *Roméo et Juliette*
- **Steinbeck**, *Les Raisins de la colère*
- **Stendhal**, *La Chartreuse de Parme*
- **Stendhal**, *Le Rouge et le Noir*
- **Verlaine**, *Romances sans paroles*
- **Verne**, *Une ville flottante*
- **Verne**, *Voyage au centre de la Terre*
- **Vian**, *J'irai cracher sur vos tombes*
- **Vian**, *L'Arrache-cœur*
- **Vian**, *L'Écume des jours*
- **Voltaire**, *Candide*
- **Voltaire**, *Micromégas*
- **Zola**, *Au Bonheur des Dames*
- **Zola**, *Germinal*
- **Zola**, *L'Argent*
- **Zola**, *L'Assommoir*
- **Zola**, *La Bête humaine*
- **Zola**, *Nana*
- **Zola**, *Pot-Bouille*

Lightning Source UK Ltd.
Milton Keynes UK
UKHW011551090921
390292UK00004B/527